# Makkersikring

**Kung fu**
**for pædagoger, lærere,**
**socialrådgivere og sygeplejersker**

af

**T. Andersen**

**Indhold:**

## Introduktion

I den følgende lektion benyttes betegnelsen *pædagog* som fællesbetegnelse for alle ovenstående faggrupper. Lektionen er en kort introduktion til *makkersikring*. En strategi, der gør det muligt for to personer at sikre hinanden mod slag, spark og angreb med slag og stikvåben. Det er svært at illustrere fysiske bevægelser, timing og kraft med tekst alene. Derfor er denne lektion nødvendigvis mangelfuld. Detaljerne er overladt til den undervisende instruktør.

Lektionen kan bruges af de, der underviser i selvforsvar for bedre at kunne forstå pædagogens behov. Den kan bruges som inspiration, når man skal diskutere eller tage stilling til sikkerhedsspørgsmål på skoler, sygehuse og i pædagogiske eller psykiatriske institutioner. Lektionen kan bruges som et basis sikkerhedssystem, der kan ændres og tilpasses efter behov.

Læseren må forvente at skulle arbejde med teksten, og mange forhold bliver først klar, når teksten er gennemlæst. Eksempelvis er kapitelinddelingen kun vejledende. I kapitlet om sidestep finder man kun den overordnede forklaring, mens den dybere mening med sidestep først bliver åbenbar i de efterfølgende kapitler.

Der kan være særlige forhold på forskellige arbejdspladser, der passer dårligt sammen med de omtalte teknikker og strategier. Da uhensigtsmæssige strategier kan få fatale følger, opfordres læseren til at forholde sig yderst kritisk til teksten.

Dette er en Kung fu lektion. Det er ikke nogen *feel good* tekst. Det er ikke nogen sympatikonkurrence, ej heller en litterær øvelse. Det er forfatteren inderligt ligegyldigt, om læseren synes om teksten. Læseren bør se bort fra atypisk sprogbrug, opsummeringer og gentagelser og indse, at det eneste, der betyder noget, er, om tekstens påstande er sande.

Når pædagogen står over for en farlig angriber, vil hun glemme alle ubetydelige detaljer. Det eneste, hun vil tænke på, er at overleve. Det er sådan, denne lektion skal læses.

Læseren vil undre sig over den totale mangel på illustrationer. I mange henseender siger billeder mere end ord, men når det gælder selvforsvar, er der god grund til at være forsigtig. Denne tekst er skrevet og udformet med den klare intention, at teksten skal motivere læseren til at opsøge en kvalificeret instruktør, og til at læseren skal motiveres til at yde en træningsindsats. Teksten kan ikke forveksles med en "gør det selv" guide, ligesom den heller ikke på nogen måde kan forveksles med et lavt gærde, der er let at springe over.

## Pædagog-judo

For bedre at forstå, hvorfor pædagogen har brug for makkersikring, må vi først se på, hvordan pædagoger typisk løser selvforsvarsproblemet og hvilke problemer, det medfører.

De institutioner, der har med potentielt farlige mennesker at gøre, har ofte et obligatorisk selvforsvarskursus for de ansatte. Typisk består kurset af nogle få timers træning, hvor pædagogen lærer 15–20 forskellige fører- og frigørelsesteknikker.

Det er uhyre vanskeligt at finde en pædagog, der har anvendt fører- eller frigørelsesgreb som selvforsvar. De fleste pædagoger har anvendt et førergreb i løbet af deres karriere for at få en modvillig "bandit" på rette vej (magtanvendelse), men få har forsvaret sig mod knytnæveslag med et førergreb. Det samme gælder de pædagoger, der har fået skaller, spark, bid og dem, der er blevet stukket med kniv.

Den meget kortvarlige og overfladiske træning betyder, at pædagogen hurtig glemmer de "halvlærte" teknikker. Men de misforståelser, teknikkerne er udtryk for, glemmer pædagogen desværre ikke. Altså den misforståelse, at frigørelses- og føregreb kan benyttes til selvforsvar. Hvis man tager den aggressive i et solidt førergreb nogle minutter, inden vedkommende mister besindelsen, kan man sige, at førergrebet har haft en præventiv virkning. Hvis man er stor og stærk, fysisk overlegen, kan man godt absorbere et angreb og derefter låse angriberen med et greb. Med andre ord: Alle, som er fysisk overlegne, og som derfor ikke er i nogen reel fare, kan klare sig med et førergreb – de egentlig ikke har brug for. Og de fysisk underlegne, der virkelig er i fare, de får et førergreb, de ikke kan bruge til noget. Det sker kun meget sjældent, at en lille og spinkel pædagog har held med at få en noget tungere og meget aggressiv angriber i et låsegreb. De pædagoger, der ihærdigt forsøger, kommer ofte til skade.

Mange pædagoger fremhæver én teknik (en frigørelsesteknik), som de dog har nogen tillid til. Teknikken går ud på at presse en finger hårdt mod luftrøret under struben. Luftrøret under struben er meget fleksibelt, og det har stort set ikke nogen effekt at presse en finger hårdt mod det omtalte sted. Det føles ubehageligt, men stopper hverken greb, spark, skaller, eller slag. Det er stort set umuligt at ramme punktet. Pædagogen øver sig på en kollega, der beredvillig stiller luftrør til rådighed; to pædagoger, der står roligt og pænt over for hinanden og på skift presser en finger mod hinandens luftrør. De kan godt blive enige om, at det er ubehageligt at blive presset på luftrøret, og presset bevirker jo, at lufttilførslen hæmmes. Så de antager, at teknikken er effektiv, uden nogensinde at teste teknikken i bare tilnærmelsesvis realistiske settings. Pædagogens sikkerhed er ikke forbedret.

Judokæmperen lærer et meget stort antal teknikker, som trænes i årevis, og judokæmperen hærder målrettet sin fysik, lærer at falde, komme hurtig op og så videre. Pædagogen skænker det ikke en tanke, men synes om det, hun opfatter som anti-aggressiv strategi; hun stræber mod judoløsningen, fordi den appellerer til hendes ideal om ikke-vold. Hun overser, at fører- og frigørelsesgreb bare er en lille del af judo. Judokæmperen ville ikke kunne anvende sine greb, hvis ikke kæmperen samtidig var mester i at manipulere med angriberens vægt og balance. Eller med andre ord: Hun er god til at slås, det er derfor, hendes fører- og låsegreb er så effektive.

Pædagogen ved godt, at hun er i sikkerhed, når institutionens mål er nået – patienten er fastspændt, eller den aggressive elev sidder på skoleinspektørens kontor, men under pres er der uoverskuelig langt fra angrebet til den seng, der er udstyret med bælter, eller til inspektørens kontor. Den strategi hun har til rådighed skelner ikke mellem pædagogens selvforsvar og den magtanvendelse, der anvendes af institutionen.

Denne lektion handler om pædagogens selvforsvar. Altså det pædagogen kan gøre, når hun bliver angrebet og ikke er i stand til at løse problemet med pædagogjudo (magtanvendelse).

## Makkersikring

I de seneste år er det blevet almen praksis, at pædagoger ikke arbejder alene, men to og to. At de afhængigt af situationen kan sikre hinanden. Det samme gælder i en vis udstrækning for skolelærere, socialrådgivere og sygeplejersker. Denne strategi er udtryk for god Kung fu, fordi overtal er reel styrke. Pædagogen indser, at makkeren giver reel øget sikkerhed. Derfor har makkerstrategien en positiv effekt på pædagogens velvære og evner. Der er noget ganske særligt ved makkerstrategien; den har et særligt stort potentiale, idet to mennesker i selvforsvarssammenhæng er mere end dobbelt så stærke som den stærkest tænkelige modstander. Tænk over følgende:

Ingen angriber kan angribe to mennesker samtidigt, hvis de to mennesker står i en passende afstand – cirka en meter - fra hinanden, vil en angriber med absolut og ufravigelig sikkerhed kun kunne angribe én pædagog og vil samtidig blotte sig for dennes makker. Makkeren står i en fabelagtig god position til at afvise ethvert angreb mod kollegaen. Pædagogen kan med yderst simple midler, afvise selv meget voldsomme angreb uanset, om der bliver angrebet med slag, spark, eller våben.

Fordi ingen kan forvente af en pædagog eller sygeplejerske, at hun skal være specialist i selvforsvar, må pædagogen have en simpel, men effektiv strategi. Derfor er det meningsfyldt at konstruere et selvforsvarssystem, der i høj grad baseres på en makkerstrategi. Bemærk, at udtrykket *at afvise et angreb* i en vis forstand er i strid med institutionens mål. Eksempelvis, at den voldelige skal fastspændes i en seng. Men fordi vi indser, at 15 halvlærte judogreb ikke altid kan beskytte pædagogen, tillader vi *afvisning af angreb* i selvforsvar i pressede situationer, hvor pædagog-judo ikke kan løse problemet.

Overfaldsalarmer er standard i de fleste sikrede institutioner, i andre institutioner kommer assistancen, når der er støj. Når flere pædagoger er ankommet, kan man ved hjælp af passende overtal løse selv komplicerede opgaver uden at skade sig selv eller den voldelige. Det, der er pædagogens problem, er at finde sikkerhed og styrke i de pressede situationer, indtil forstærkningen ankommer. Forestillingen om en seng med bælter eller lignende magtanvendelsesmidler løser ikke det akutte problem, men forestillingen om, at en makker med ufravigelig sikkerhed kan afvise selv voldsomme angreb, gør (altså løser det akutte problem). Det er afgørende, at læseren forstår, at det selvforsvarssystem, vi illustrerer i den følgende tekst, er beregnet til at sikre makkerparret, indtil forstærkningen ankommer. Straks pædagogerne er i passende overtal, har de ikke længere brug for selvforsvar, men kan udføre deres arbejde i overensstemmelse med de regler, der gælder for magtanvendelse.

Den selvforsvarskyndige vil muligvis indvende, at det ikke er godt nok at afvise et angreb, For dermed giver man angriberen mulighed for at etablere et nyt angreb. Men sagen er, at pædagogen ikke har de nødvendige ressourcer til regulær kamp (infight), og at pædagogen med stor sikkerhed får assistance i løbet af få sekunder. Tillige er pædagogens makkersikring så overlegen, at det tillader, at angreb afvises.

I den følgende tekst vil vi forsøge at konstruere et simpelt og effektivt selvforsvarssystem baseret på ovenstående overvejelser.

## Angreb udefra/indefra

Pædagogen skal lære at skelne mellem angreb *udefra*, og angreb *indefra*.

Forestil dig følgende: En potentielt farlig patient er rasende og stiller sig umiddelbart foran pædagogen. Patienten står nu inde i pædagogens område og kan nå vedkommende med spark, knæ, skalle, albuer og næveslag. Da patienten kan nå pædagogen med en lang række forskellige angreb uden at skulle tage et skridt, kan denne ikke forsvare sig. Slagene er for hurtige og uforudsigelige. Der findes ingen simple selvforsvarsteknikker, der kan beskytte mod angreb *indefra*. Tænk på bokseren, der opererer med begrebet *infight*. Infight er kamp, hvor man er inden for rækkevidde og derfor kan nå hinanden direkte (uden at tage skridt). Alle bokserens bevægelser er så at sige designet til enten at få ham ind på livet af sin modstander eller at undgå at få modstanderen ind på livet. Boksere, der fornemmer, at de er stærkere i infight end deres modstandere, søger infight. Boksere, der ikke føler sig stærke nok, undgår infight. Pædagogen skal gøre det samme. Hvis hun føler sig presset og ikke kan gennemføre en magtanvendelse, skal infight undgås. De halvlærte greb, hun kender, kan være meget farlige. Med den gængse forestilling om førergreb vil pædagogen være tilbøjelig til at søge ind på kort afstand og blive der, til angriberen er i førergreb, eller den angrebne har fået bank.

Et andet eksempel:

En sur patient vil skælde ud, patienten kommer tæt på. Straks patienten kommer inden for fysisk rækkevidde, består pædagogens opgave i at få etableret afstand, at få patienten ud af den personlige zone (uden for fysisk rækkevidde). Hvorfor? Fordi angreb *udefra* er tydelige, langsomme og lette at undgå i modsætning til angreb *indefra*, der er hurtige og uforudsigelige. Erkendelsen alene øger pædagogens sikkerhed. Så snart fokus er rettet mod at etablere og fastholde afstand til den aggressive, vil sikkerheden stige betydeligt.

## Sidestep

Alle kæmpere, boksere, brydere, M.M.A. kæmpere og Kung fu udøvere anvender ofte den samme grundteknik, når de angribes *udefra*. De undgår den kraft, der er rettet mod dem, ved at undvige, *sidesteppe*.

Eksempel: En tung mand angriber voldsomt fra to meters afstand - altså en angriber *udefra* - og med stor kraft. Han kan ikke skifte retning på et øjeblik. Den erfarne kæmper venter tålmodigt og roligt, til angriberen passerer det kritiske punkt og kommer inden for fysisk rækkevidde. I dette sekund glider den angrebne et skridt til siden. Dermed undgår den angrebne at blive konfronteret med en stor kraft og opnår i stedet, at angriberen tumler fremad. Når man sidestepper, ændrer man sin position på en sådan måde, at modstanderen ikke ser bevægelsen, før den *er* foretaget. Sidestep er en ultra basal strategi med en meget lang række anvendelser. Pædagogen er nødt til at betragte det at kunne undvige voldsomme angreb med sidestep som obligatorisk træning. Med sidesteppet kan han/hun undvige mange farlige situationer, skaffe afstand, flygte eller gå til modangreb. Sidesteppet kan udføres undvigende – skråt bagud eller skråt frem.

Mens pædagogen træner sidestep, opøves hans eller hendes afstandsbedømmelse og forståelse af afstandens betydning. Denne indsigt er helt afgørende for effektiviteten i rollen som makker i makkersikringssituationer. Detaljerne er igen overladt til den undervisende instruktør.

## Skub

Når en bokser sidestepper, og modstanderen tumler fremad, benytter bokseren sig af, at modstanderen i det mindste for et øjeblik befinder sig delvist med siden til. Bokseren sender resolut et slag mod modstanderen.

Det samme gælder for bryderen, som hurtigt glider til siden for derefter at kaste modstanderen med den energi, modstanderen selv medbringer.

Pædagogen kan ikke lære en lang række slag og spark; det har pædagogen ikke ressourcer til. Hun ønsker som udgangspunkt ikke at nedkæmpe modstanderen, men at få ham ud af den personlige zone – uden for fysisk rækkevidde. I stedet for slag, spark og kast anvender vi en simpel teknik, *skub*.

Inden skubbet introduceres, skal vi gennemgå en lille strategisk detalje vedrørende sidestep og skub: I den optimale situation har pædagogen en makker, der uden at anstrenge sig kan fjerne en hvilken som helst angriber, derfor behøver hun ikke at sidesteppe. Men pædagogen skal udstyres med teknikker, der samtidig er rationelle, når hun er alene.

I de situationer, hvor pædagogen har en makker til sikring - altså en kollega, der er strategisk placeret - er et skub så at sige en skudsikker strategi, for ingen kan angribe pædagogen uden at placere sig sådan, at de er lette mål for makkerens skub. Pædagogen, der har en god makker til sikring, behøver ikke sidesteppe for at overleve. Man kan sige, at makkeren repræsenterer et sidestep og allerede står klar der, hvor pædagogen ville sidesteppe hen, hvis denne var alene, til at aflevere et effektivt skub. Hvis pædagogen er alene, repræsenterer sidesteppet den makker, der ikke er til stede. Med lidt øvelse indser pædagogen, at en makker, der er placeret strategisk ved siden, udgør et sidestep. Og at makkersikringen således også kan bruges i de situationer, hvor der ikke er en makker.

I stedet for at slå som bokseren, skubber hun hårdt mod modstanderen. Han/hun bøjer ikke kroppen frem mod modstanderen, men går resolut ind i modstanderen, træder ind i ham og skubber hårdt mod hans krop. Og modstanderen tumler ud af zonen – uden for rækkevidde.

Vi kan forestille os, at angriberen har et baseball bat i hånden, og at han angriber med et voldsomt sving mod pædagogens hoved. Bemærk, at ingen angriber kan svinge et bat uden at stille sig med siden til den, der sikrer pædagogen. Makkeren kan uden problemer gå direkte ind i modstanderen og skubbe angriberen. Det kan virke paradoksalt, men voldsomme angreb, baseball bats, spark og lignende neutraliseres, når man skubber til afsenderen. Al kraften forsvinder fra slaget, straks afsenderen mister balancen. Det ville være umådeligt svært at blokere for battet med en parade, men utroligt let at skubbe til angriberen.

Pædagogen vil have brug for selv at gennemføre en række øvelser for at indse, hvor effektiv teknikken er. Man kan lave et lille eksperiment for at få en fornemmelse af *skubbet*.

Der skal to personer til at lave eksperimentet, som

ikke er en realistisk kampøvelse, kun et lille eksperiment til at illustrere effekten. Den ene person stiller sig ved en åben dør således, at hun kan svinge døren eller dørkarmen en lussing. Man må forestille sig, at døren er en person, som står så tæt på, at der kan sendes en hård lussing mod denne fiktive person uden at tage et skridt. Man stiller sig roligt op, finder den rigtige afstand, laver eventuelt et prøveslag, hvorefter hun stiller sig klar til at slå med hånden trukket lidt tilbage. Den anden person stiller sig umiddelbart ved siden af første person med hænderne klar til at skubbe. Straks første person begynder slaget mod døren, skubber den anden. Start forsigtigt med et ganske let skub og øg gradvist, indtil skubbet er kraftigt nok til at flytte angriberen 15 til 30 centimeter. Som ved ren magi forsvinder al kraft fra lussingen. Prøv at spark mod døren og se, hvad der sker, når man bliver skubbet, mens man sparker (pas på).

Herefter kan pædagogen lave følgende eksperiment; der skal bruges tre personer til eksperimentet:

De to personer stiller sig ved siden af hinanden med cirka en meters mellemrum. Nu skal pædagogen forsøge at give én af de to personer en lussing. Pædagogen skal stille sig to meter fra de to personer, herfra skal angrebet mod én af de to gensidigt sikrende personer påbegyndes. Hun kan bevæge sig frit, forsøge at ændre på sin position. De to personer, der står ved siden af hinanden, skal hele tiden ændre på *deres* position, så de altid har den potentielle angriber foran sig. Øvelsen skal udføres i slowmotion, og skubbet skal kun antydes (det er en illustrativ øvelse, ikke nogen reel selvforsvarsøvelse). Pædagogen vil indse, at makkerparret kan annullere angrebet med lethed.

## Risikovurdering/legitim pædagogisk udfordring

Hvilken risiko vil pædagogen helst udsættes for? At en aggressiv og potentiel farlig person står på hendes tæer og når som helst kan gøre skade på hende med en lang række af angreb, hun ikke kan modstå. Eller, at hun på forhånd gør sig klart, at hun ikke vil acceptere nogen offerrolle og derfor hellere tager udgangspunkt i den afstand, der er basis for hendes egen sikkerhed?

Det er pædagogens faglige vurdering, der skal afgøre, hvornår en person er så farlig og aggressiv, at denne skal holde afstand eller forlade pædagogens personlige rum. Denne risikovurdering er evig, den foregår i alle pædagoger uanset, om de har lært makkersikring eller ej. Forskellen er blot, at de, der har trænet makkersikring, er mere bevidste om den evige risikovurdering.

Pædagogen kan i mange tilfælde først anmode verbalt om, at modstanderen fjerner sig, bevæger sig på afstand eller holder afstand. Mange gange kan man tage et hurtigt initiativ og sikre sig selv ved at bevæge sig et skrid bagud, væk fra den truende. Hvis den truende ikke er modtagelig for fornuft, og igen søger at komme på kort afstand, kan pædagogen tillade sig at aktivere alarm, og hvis hun skønner, det er nødvendigt, gennemtvinge afstand.

Det er en legitim pædagogisk udfordring at lære de voldelige og potentielt farlige at respektere et ønske om afstand.

## Første opsummering

Pædagogens primære sikkerhedsforanstaltning er *at holde afstand* (to skridt). Således undgås farlige angreb indefra; pædagogen har sikret, at mulige angreb kun kan komme udefra, hvor selv simple midler kan modstå meget voldsomme angreb. Vi tillader os at antage, at situationen afsluttes problemløst grundet et passende overtal, og at pædagogen derfor som selvforsvar kan tillade sig at "nøjes" med at afvise angreb og aktivere alarm. Strategien skal sikre, at to pædagoger effektivt kan afvise ethvert angreb og holde en angriber på afstand for at kunne udløse alarm og sikre sig selv og andre eventuelt tilstedeværende, indtil forstærkning ankommer, hvorefter situationen afsluttes i henhold til de regler, der gælder i den pågældende situation. Eksempelvis, at angriberen fikseres, medicineres, politiet tilkaldes eller lignende.

**Pædagog-jab**

Bokseren anvender et *jab*, et ultra hurtigt, men ikke særlig kraftigt slag mod modstanderens ansigt for at holde ham på afstand. Da jabbet er lynhurtigt og har kraft nok til at give et lille ryk i modstanderen hoved, virker slaget neutraliserende. Det er svært at aflevere slag og spark samtidig med, at man rammes i ansigtet. Selv et svagt slag, der kun rykker modstanderens hoved få centimeter, neutraliserer angriberen et ganske kort øjeblik. Inden for Kung fu findes der en række jab-lignende teknikker, for nemheds skyld kalder vi dem for finger-jabs. Altså et jab med fingrene rettet frem (lidt krumme) mod eksempelvis modstanderens øjne; samme teknik kan anvendes i en "mildere" udgave, hvor man ikke sigter mod øjnene, men slår mod ansigtet. Som en form for frontal eller let sidelæns lussing/eller pres. Det afgørende er at modstanderen skubbes ud af balance et kort øjeblik, og at angriberens syn forstyrres. Det giver pædagogen mulighed for at sidesteppe, skaffe afstand eller skubbe og aktivere alarm. Man kan bruge udtrykket *pædagog-jab* for at fastholde, at vi taler om en lynhurtig håndbevægelse, rettet direkte mod modstanderen med det formål kortvarigt at neutralisere modstanderens angreb - for herefter eller samtidig at sidesteppe, skubbe, og eller trække sig tilbage, alarmere og råbe højt *hold afstand*.

Et eksempel:

En person tager pludselig fat i, hiver, trækker eller slår

på pædagogen. Et lynhurtigt pædagog-jab vil kortvarigt neutralisere modstanderen og samtidig virke som beskyttelse af pædagogens ansigt, fordi jabbet slås lige mod modstanderen – foran pædagogens øvre bryst, hals og underansigt.

Ligesom man ikke kan aflevere slag og spark, når man bliver ramt i ansigtet, kan man heller ikke tage pædagogen i forskellige former for greb, hive i håret eller lignende. I nogle tilfælde behøver pædagogen slet ikke at slå jabbet, man kan bare presse resolut mod angriberens ansigt (hoved eller nakke afhængig af position.) Dette faktum er let at demonstrere med et lille eksperiment. Eksperimentet er kun en illustration:

To personer (A og B) står over for hinanden så tæt, at de kan nå hinanden uden at tage skridt. A forsøger med én hånd at gribe om B's hals (langsomt og roligt). Hvis B har frigørelsesgreb i bevidstheden, vil hun være tilbøjelig til at tøve. B vil så at sige se, hvilken situation hun havner i for derefter at lede efter et passende frigørelsesgreb. Det er selvfølgelig ikke tilfældet i dette eksperiment. B tøver ikke et sekund; straks nogen forsøger at tage fat i hende, glider hånden op og frem mod modstanderens hoved og meget forsigtigt (det er en øvelse) presses angriberens hoved bagud eller skråt bagud samtidig med, at der sidesteppes.

Man behøver kun eksperimentere nogle få minutter for at få en fornemmelse af, hvordan teknikken virker. Det er særdeles svært at få et fast greb i en pædagog, der uden tøven svarer med et jab, sidestep og/eller skub. Hovedet er et stort mål, der er let at nå især, hvis angriberen forsøger at tage fat i pædagogen, da vil angriberens hoved med sikkerhed være inden for rækkevidde. Pædagog-jabbet kan varieres i styrke og voldsomhed afhængig af behov.

I forhold til makkersikringen er pædagog-jabbet særdeles praktisk og kan anvendes på samme måde som skubbet og med samme effekt. I makkersikringen supplerer de to teknikker (skub og jab) hinanden. I snævre situationer, hvor der er plads- og tidsmangel, kan jabbet være det bedste valg. I de situationer, hvor skubbet ikke lykkes, fungerer jabbet som et hurtigt alternativ.

Det sker ret ofte, at psykiatriske patienter laver et angreb, hvor de er let foroverbøjede og griber rundt om livet på pædagogen og både bider, klemmer og forsøger at vælte pædagogen. Pædagogen skal ikke anvende egentlige frigørelsesgreb, men presse hårdt mod modstanderens hoved (ansigt eller nakke afhængig af situationen). I stedet for en lang række forskellige bevægelser kan pædagogen anvende én og samme strategi. Når det ikke er muligt at sidesteppe og skubbe, anvendes finger-jab, herunder hårdt pres mod modstanderens hoved – som frigørelsesteknik.

Her er endnu et eksperiment, pædagogen kan gennemføre:

A stiller sig med en hånd løftet som en Buddhahilsen. Hånden skal være på højde med halsen. B angriber – udefra, langsomt og let foroverbøjet og forsøger at gribe om livet på A. I det øjeblik, A erfarer B´s hensigter, glider A´s Buddha-hilsen ned og presser mod angriberens nakke; presset er rettet nedad, hårdt - og tvinger angriberen mod gulvet, sidestep, afstand, alarm.

Forestiller man sig, at et sidestep mislykkes, kan et hurtigt finger-jab give mulighed for at gennemføre et nyt sidestep, skub eller tilbagetrækning. Teknikken er virkelig effektiv og afhænger ikke af pædagogens fysiske styrke. Teknikken er tillige relativ sikker, fordi selvom man fejler og ikke får fuld kontakt, vil slaget alligevel forstyrre angriberen og samtidig dække (beskytte) pædagogens ansigt og hals. Finger-jab er en af de meget få teknikker, der er meningsfulde, når man bliver angrebet med kniv, og har i øvrigt en lang række anvendelsesmuligheder. Vi kan på ingen måde illustrere alle teknikkens fordele her. At løfte en hånd og holde den foran kroppen (hals, underansigt) er en ultra basal forsvarsstrategi, som pædagogen bør lære.

## Træk i hovedet

Hvis to pædagoger gensidigt sikrer hinanden, må de supplere teknikkerne med træk i modstanderens hoved bagfra. Hvis noget går galt, og angriberen ikke bliver afvist og får godt fat i den ene pædagog, kan makkeren lynhurtigt gribe angriberens hoved bagfra og med stor kraft trække bagud. Pædagogen kan umiddelbart efter sidesteppe og skubbe. Det voldsomme træk i hovedet vil som minimum kortvarigt neutralisere angriberen, som uvægerligt vil give slip. Dette træk kan give alvorlige skader på angriberen, teknikken bør derfor øves med omhu og forsigtighed.

Pædagoger, der har trænet makkersikring, kan lynhurtigt glide fra side til side og frem. Det tager et splitsekund at komme bag angriberen, der har fået kontakt til en kollega. Og bag angriberen er der fred og ro til at få et godt greb i angriberens hoved. Det virker hver gang.

## Makkersikrings position

Pædagoger, der sikrer hinanden, må stille sig sådan, at de står et lille skridt fra hinanden. Den potentielle angriber skal holdes på lidt større afstand end den, der er mellem pædagogerne, så han ikke på nogen måde kan nå én af pædagogerne, før makkeren afviser angrebet. I de tilfælde, hvor situationen kræver, at pædagogen skal have en potentiel farlig person inden for rækkevidde, skal makkeren stå tilsvarende tæt på og være klar til at agere. Pædagogen skal være bevidst om den risiko, der er forbundet med kort afstand.

## Forsvarsstilling

På baggrund af de teknikker, vi er kommet frem til, kan vi nu etablere en passende forsvarsstilling. En fysisk positur der er et optimalt udgangspunkt for at anvende teknikkerne. Det virker fremmed for mange pædagoger at tale om eller øve kamp- og selvforsvarspositioner; træningen er ikke desto mindre tvingende nødvendig.

Hvis man står i bredstående stilling, altså med fødderne langt fra hinanden, kan man ikke flytte sig, før man har flyttet størstedelen af sin kropsvægt over på den ene fod. Først da kan den anden fod løftes fra gulvet. Det er uhensigtsmæssigt, og vi må finde et simpelt alternativ, en upåfaldende stilling som pædagogen kan indtage – skjult, og som gør hende i stand til at undvige hurtigt og også tillader, at hun hurtigt kan tage skridt frem mod en, der angriber en kollega.

Hvis pædagogen står med samlede fødder så tæt, at fødderne rører hinanden, og hun synker lidt ned i knæ, kan hun uden tøven undvige i alle tænkelige retninger. Benstillingen er simpel og stiller ikke store krav til pædagogens fysik. I makkersikringssituationer garanterer benstillingen, at den sikrende makker uden tøven kan bevæge sig frem mod en angriber og derved sikre sin kollega. Samtidig må pædagogen lære at holde en hånd klar til at udføre *pædagog-jab* og være klar til at beskytte sin hals og ansigt. Derfor kan hun lære at holde en hånd foran kroppen som en lidt udstrakt Buddha-hilsen. I praksis kan en hånd godt holdes diskret klar foran kroppen og tæt på kroppen, så den ikke ligner en Buddha-hilsen. Under træning kan pædagogen være mindre diskret. Det vil være svært for pædagogen at forstå, hvor stor nytte hun vil have af denne hånd, så det skal understreges igen. Hver gang, angriberen forsøger at komme tæt på, vil han automatisk placere sit hoved tæt på pædagogens Buddha-hilsen. Man kan sige, at pædagogen i forvejen placerer sin hånd (Buddha-hilsen) meget tæt på det sted, hvor en potentiel angriber vil være nødt til at placere sit hoved for at kunne angribe. For pædagogen bør det være en refleks at hæve hånden.

## Position og kasteskyts

Pædagogens selvforsvar afhænger af, at hun kan fastholde sin position; står sådan, at hun kan sikre sig selv og sin makker bedst muligt og er opmærksom på den potentielle angribers bevægelser. Derfor må hun kunne modstå kasteskyts. Eksempel:

Pædagogen står tilfældigvis ved en lygtepæl. Ikke en af de gamle tykke træpæle, men en moderne, slank lygtepæl af stål. Hun bliver bombarderet med kasteskyts: sten, møbler, affaldsspand. Hvis hun stiller sig klos op af lygtepælen, vil den ikke dække hendes krop, ikke engang hendes hoved kan dækkes af lygtepælen. Hvis hun træder et skridt tilbage og nu står en meter bag lygtepælen, dækker lygtepælen næsten, men ikke helt. Hvis pædagogen svajer en anelse fra side til side bare få centimeter afhængig af kasteskytsets retning, vil hun være godt dækket selv bag en smal stolpe.

I det virkelige liv er der sjældent en passende lygtepæl til rådighed. Derfor strækker pædagogen sin Buddha-hilsen frem mod kasteren sådan, at armen næsten er strakt, men kun næsten. Hvis hånden holdes tæt på ansigtet, dækker den ikke hovedet. Hvis den strækkes frem mod kasteren, dækker den. Den næsten strakte arm kan modstå voldsom kraft, den kan omdirigere kasteskytset – uden problemer.

På samme måde kan pædagogen bruge det ene ben. Antag, at der er noget tungt kasteskyts på vej mod pædagogens ben. Hun løfter hurtigt det ene ben, og hvis det er muligt, retter hun fodsålen eller skinnebenet mod kasteskytset som lygtepæl. Bemærk, at et løftet ben er fleksibelt i modsætning til et ben, der bærer vægt. Derfor vil det fleksible ben kunne absorbere slag, der ville gøre skade på et bærende ben. Således rustet kan pædagogen modstå kasteskyts. Hun kan lave praktiske øvelser og få absolut sikkerhed for teknikkernes effektivitet.

**Anden Opsummering**

Den selvforsvarsstrategi, vi har udviklet, består således af:

- En makkerstrategi
- En strategi om at holde afstand for at sikre, at angreb kommer udefra, ikke indefra
- En strategi for, hvordan man skaffer en farlig person ud af den sikre zone
- Sidestep for at kunne undvige
- Skub for kunne afvise angreb (neutralisere slag)
- Træk i hovedet, når alt andet fejler, og angriberen har fået kontakt
- Pædagog-jab for at kunne beskytte hals og ansigt mod slag. For lynhurtigt at kunne neutralisere angreb – kortvarigt. Som anti-grab teknik. Som forsvar mod kniv og som anti-skalle teknik
- En ben- og håndstilling der sikrer, at pædagogen kan reagere hurtigt

- En strategi for, hvordan hun beskytter sig mod kasteskyts, så hun kan fastholde sin position.

De samme teknikker anvendes som frigørelsesteknikker, idet pædagogen ikke tøver eller venter på, at modstanderen har taget et greb. Hun går uden tøven i gang med at afvise angriberen, skaffe afstand og alarmere. Hun er hele tiden i bevægelse, sidestep, skub, jab og slapper først af, når angriberen er uden for rækkevidde.

Så længe pædagogen er makkersikret, må hendes attitude være: *Den potentielt farlige person kan i princippet smadre inventaret, hamre sine knytnæver gennem døren og tage en bid af håndvasken. Bare han holder afstand.*

## Våben

Pædagogen må se i øjnene, at hun kan komme i situationer, hvor hun trues eller angribes med våben. Derfor må de selvforsvarsteknikker, hun lærer, kunne modstå angreb med våben.

De fleste ville mene, at et baseball bat (eller noget der ligner fx et afrevet bordben), er et meget farligt våben. Det er korrekt i den forstand, at våbnet kan anrette stor skade. Men i praksis er store våben ikke noget problem; angreb med store våben er typisk langsomme, så man får øje på angrebet i god tid og har rig mulighed for at undvige eller lade makkeren skubbe. De teknikker, vi har anvendt hidtil, er yderst effektive mod store våben, og da det kan demonstreres, vil pædagogen hurtigt indse, at hun ikke behøver frygte sådanne våben.

Knivangreb er meget farlige, kniven er hurtig, man ser den ikke altid i tide, og den anretter stor skade. Pædagogen er bedst beskyttet mod knive og lignende ved at holde afstand. De teknikker, vi har gennemgået, egner sig som forsvar mod knivangreb, dog må pædagogen forstå, at kniven ændrer oddsene ganske betydeligt. I alle situationer, hvor hun angribes med kniv og ikke er i stand til at flygte, må hun anvende sit pædagog-jab. Hånden, som hun refleksivt hæver foran sit øvre bryst, hals og underansigt, beskytter nævnte områder og sendes direkte mod angriberens øjne i et traditionelt Kung fu angreb, der har til formål at ødelægge angriberens øjne. De strakte fingre forlænger hendes rækkevidde, ligesom kniven forlænger angriberens rækkevidde. Hun sidestepper samtidig og skubber og/eller undviger og alarmerer. Når det gælder kniv, må det være klart for to gensidigt sikrende pædagoger, at deres teknikker anvendes med den størst mulige voldsomhed. Skubbet kan udføres sådan, at den, der skubbes, med stor sandsynlighed kommer slemt til skade. Det samme gælder teknikken, hvor man griber fat i hovedet på angriberen bagfra. Eller den hårde version af pædagog-jabbet (Kung fu-versionen). Straks pædagogen trues eller angribes med en kniv eller et lignende våben, skal hun i egen interesse påføre angriberen mest mulig skade - aldrig forsøge at gribe efter kniven, aldrig forsøge at anvende nogen former for greb – overhovedet.

**Simpel strategi, få teknikker**
**Mange anvendelsesmuligheder**

Det pædagog-selvforsvarssystem, vi har konstrueret i denne tekst, består af ganske få teknikker og en relativ simpel strategi. Teknikkerne har en meget bred anvendelse og er relevante i forhold til de udfordringer, pædagogen står overfor. Pædagogen kan forvente voldsomme angreb fra rasende, gale og fulde mennesker, der kendetegnes ved, at de iværksætter angreb i raseri, frustration eller i psykotisk tilstand, hvor de slår, sparker, rusker, klemmer, nikker skaller, bider og så videre.

Da selvforsvarssystemet er simpelt og indeholder ganske få teknikker, er det inden for pædagogens rækkevidde at kunne beherske teknikkerne. 15-20 timers intensiv træning gør hende i stand til at anvende de omtalte teknikker effektivt. Hvor pædagogen typisk får 5 timers træning til 15-20 frigørelses- og førergreb, bør hun i stedet bruge 15-20 timer på makkersikring.

Strategien har yderligere anvendelsesmuligheder:

I pressede situationer kan to pædagoger, der gensidigt sikrer hinanden, også anvende teknikkerne til at inddæmme et problem, eksempelvis ved at afskære en passage. De teknikker, pædagogerne anvender til at sikre sig selv, kan også anvendes til at sikre tilfældige passanter.

Makkersikringsstrategien gør det muligt for pædagogen

at anmode om sikring. Før, da pædagogen kun have frigørelses- og førergreb, havde hun ikke nogen klar forestilling om, hvordan et makkerpar effektivt kan sikre hinanden. Nu, hvor pædagogen har en klar forestilling om, hvordan man sikrer hinanden, forenkles den gensidige kommunikation, og hun har nu et redskab, der gør det muligt for hende at regulere sikkerheden, skrue op og ned efter behov.

## Træning

Makkersikringen skal introduceres og øves roligt og langsomt, indtil pædagogen forstår den bagvedliggende strategi og behersker de grundlæggende bevægelser. Derefter skal resten af træningen foregå i realistiske *settings*. Pædagogen skal være iført beskyttelsesudstyr. Udstyret er tvingende nødvendigt for at sikre, at træningen kan praktiseres realistisk uden at påføre smerte eller skade. Figuranten (angriberen) skal være øvet, det vil sige skal kunne udføre realistiske angreb afstemt efter den pågældende pædagogs behov. Det er afgørende, at pædagogen under hele træningen, når det er relevant, bruger udtrykket *hold afstand*, og at hun aktiverer alarm. At råbe hold afstand og give alarm bør være en del af træningen.

Træningsmetoden er simpel. Makkerparret bør udsættes for en lang række "næsten" realistiske angreb, og det bør fortsætte, indtil makkerparret kan afvise alle angreb i så lang tid, at assistancen kan ankomme. Først da kan træningen ophøre.

Træningen er ikke bare en metode til læring, men også en test af de teknikker, man har valgt at lære. Derfor er den "næsten" realistiske træning uvurderlig, og pædagogen bør stræbe efter realistisk træning. Når pædagogen oplever at kunne afvise voldsomme angreb effektivt, vil det gøre stort indtryk og have en gavnlig effekt, øget velfærd, færre sygedage og stærkere pædagogik.

I alle de tilfælde, hvor makkerparret føler sig overlegne, kan de roligt afslutte situationen – uden forstærkning. Systemet skal ikke opfattes som nogen spændetrøje til personalet, men som et nødsystem. Noget man gør, når man er presset og ikke har andre alternativer.

## Power guide

Der findes én magtanvendelsesteknik *Power guide*, der så at sige inkorporerer alle de teknikker, vi har anvendt i selvforsvarssystemet. En magtanvendelsesteknik der er meget nyttig for pædagogen, og som giver hende vigtig træning i at manipulere med aggressive menneskers balance. Teknikken illustreres her, men det skal understreges, at denne teknik er beregnet på magtanvendelse. Beregnet til at flytte en aggressiv person fra punkt A til punkt B. Teknikken gør det muligt at føre patienten på en sådan måde, at denne ikke kan slå, sparke eller lignende, selvom man står helt tæt på ham.

Vi må illustrere teknikken med et tankeeksperiment:

To personer, begge vejer 80 kg. De står ved siden af hinanden tæt på hinanden. Begge står på hver deres vægt. Den ene person griber den anden, den ene hånd om overarmen højt oppe lige under armhulen. Med den anden hånd griber han samme overarm, men nederst lige over albuen. Nu, hvor personen har fat, løfter han op lodret, så modstanderens krop bliver løftet lidt op. Lad os sige, at han løfter 20 kilo, nu viser vægten altså, at han vejer 100 kg. Har han løftet 20 kilo fra modstanderen, som nu vejer 60 kg. Hvis to personer skal skubbe til hinanden, og den ene person vejer 100 kilo og den anden 60 kilo, hvem kommer så til at vinde? Ikke nok med, at den tunge person (altså, den der er snu nok til at løfte op i modstanderen) kan skubbe, når han har fat øverst og nederst på overarmen, han kan også guide, styre personen i en given retning. Skulle det ske, at den aggressive får fodfæste eller held til at stemme mod en væg eller døråbning, ændrer man lynhurtigt fra at skubbe i den aggressive til at trække (helst med en nedadgående bevægelse, men igen overlader vi detaljerne til den undervisende instruktør). Trækket vil uvægerlig kaste den aggressive ud af balance, og man har godt tid og mulighed for igen at løfte op og fortsætte turen.

Hvis den aggressive forsøger at nikke skaller eller slå med den ledige arm, skubber man hurtigt den aggressive fra sig – uden at give slip, så man hurtigt kan trække ham på plads igen relativt tæt på egen krop, hvor det er let at løfte de cirka 20 kilo. Samme strategi benytter man, hvis den aggressive forsøger at sparke. En hurtigt *skub - træk* eller *træk - skub* bevægelse ødelægger alle forsøg på at sparke.

Pædagogen får uvurderlig erfaring af at træne Power guide overvåget af en kyndig instruktør.

## Case 1

På en psykiatrisk institution er to sygeplejersker på nattevagt. De hører nogle meget voldsomme lyde fra et af værelserne på afdelingen. De ved, at beboeren af værelset lider af paranoia, og at han kan være voldelig. Den ene af sygeplejerskerne kender patienten og har talt med ham flere gange. Hun banker forsigtigt på døren med strakt arm, mens hendes makker står i en passende position. Hun taler samtidig med, at hun banker på, bruger patientens navn og spørger, om hun må komme ind.

Der bliver ikke svaret, så hun venter et øjeblik. Hun banker igen forsigtig og fortæller, at hun åbner døren for at se, om han er ok. Hun skubber til døren, så den glider op, og hun har et komplet indblik i værelset. Nu kan hun se patienten, han står op i sengen, han har stirrende, opspilede øjne, han er svedig og har fråde om munden. Begge sygeplejersker er placeret, så de gensidigt kan sikre hinanden, men da den ene kender patienten, er det hende, der kommunikerer. Den anden undgår at stirre på patienten, hun virker en anelse "fraværende", har et tomt blik rettet mod gulvet. Patienten, der er meget stresset, opfatter hende ikke som nogen trussel. Hans opmærksomhed er primært rettet mod den sygeplejerske, der kommunikerer.

Hun siger: "Jeg kan se, du har det dårligt. Vil du ikke sætte dig ned på sengen, så vi kan tale sammen. Jeg vil gerne hjælpe dig, hvis du har det skidt.

Han sætter sig ned uden tøven, men stirrer intensivt, og han snerrer af sygeplejersken. Nu, hvor patienten sidder ned, træder de begge ind i lokalet, men holder stadig god afstand. Der står en stol ved væggen lige inden for døren. Den kommunikerende sygeplejerske sætter sig ned. Hendes makker er stadig i god position og bliver stående.

Så længe patienten sidder ned, kan den ene sygeplejerske også sidde - på afstand - og på den måde udstråle ro og overblik. Hun er i stand til at kommunikere med patienten, der langsomt falder lidt til ro. Lidt efter aftaler de, at patienten skal have en pille og noget koldt at drikke. De forlader lokalet sammen stille og roligt, mens de upåfaldende sikrer hinanden.

## Case 2

På samme psykiatriske institution nogle timer senere: Der kommer en serie voldsomme lyde fra badeværelset. Der står en sygeplejerske på gangen. Den anden sygeplejerske befinder sig på kontoret i den anden ende af gangen. Begge hører støjen og nærmer sig forsigtigt. Den forreste er lidt for hurtig og kommer til at nærme sig badeværelset uden en makker ved sin side.

Pludselig bliver døren revet op, og en nøgen mand kommer løbende, skrigende. Han har revet toiletbrættet af toilettet og svinger det i luften. Han løber direkte mod den uforsigtige sygeplejerske. Hun ved godt, at hun ikke kan vende sig om for at flygte, fordi han ville indhente hende bagfra i løbet af få skridt. Så hun står stille med samlede fødder og venter tålmodigt. Hun sidestepper på det helt perfekte tidspunkt, og i løbet af et splitsekund har hun nu to meters afstand til den nøgne mand. Ved hjælp af sidesteppet, forsvinder hun i en gunstig vinkel. Nu er det den nøgne mand, der skal bremse sin krop, skifte retning – for at nå sygeplejersken. Det tager flere sekunder, og de to sygeplejersker når hinanden i tide til at kunne sikre hinanden. Den nøgne mand løber forbi og ind på sit værelse.

## Case 3

En socialrådgiver skal gennemføre en samtale med en klient, der er kendt som særdeles aggressiv og voldelig. Hun ønsker at blive makkersikret under samtalen. Hun har skubbet sit skrivebord lidt frem, så hun ikke sidder indeklemt mellem skrivebord og væg, og hun har skaffet en ekstra stol til sin makker. Stolene placeres, så de står tæt på væggen, derved sikrer socialrådgiveren, at der er plads til at bevæge sig mellem stolene og skrivebordet. Hun har fjernet alle blyanter og kuglepenne samt alle de dele, der kan anvendes som kasteskyts og slagvåben.

Klienten får afslag på sin ansøgning. Han rejser sig og sparker rasende til sin stol, så samler han stolen op og begynder at trække den i stilling til et slag mod socialrådgiveren. I samme øjeblik, klienten rejser sig, rejser socialrådgiverne sig også, og straks han sparker til stolen, og man kan ane et kommende angreb, råber de højt: HOLD AFSTAND, HOLD AFSTAND. Den ene socialrådgiver står meget tæt på døren, som hun hurtigt åbner. På den måde gør hun det lettere for andre kolleger at høre alarmeringen og at finde den rigtige dør.

Det tager lidt tid at få hævet en tung stol til slag, og socialrådgiverne er kommet fri af borde og stole, inden angriberen er klar til at slå. Han har været på to meters afstand og må samtidig med, at han skal nå at samle stolen op, tage to skridt for at nå socialrådgiverne. Han svinger stolen mod den ene, men når knap nok at få fart på slaget, før han bliver ramt af makkerens skub og falder sidelæns. Samtidig er flere kollegaer ankommet gennem den i forvejen åbnede dør. Vi antager, at de alle har trænet makkersikring og derfor ved, hvor let det er at neutralisere angreb. Derfor tager de situationen med ro og kan afslutte episoden uden, at nogen kommer til skade.

En anden socialrådgiver har en lignende oplevelse, men i stedet for at slå med sin stol, springer klienten pludseligt og meget hurtigt hen til skrivebordet. Selvom socialrådgiveren ikke sidder lige bag bordet, men har rykket sin stol bagud, lykkes det for klienten at få fat i hende. Han er stærk og begynder at trække hende ind mod skrivebordet. Makkeren er hurtigt på benene. Hun kan ikke komme til at skubbe direkte mod angriberen, skrivebordet står i vejen. Hun ser, at angriberen er stærk nok til at trække med én arm, og at den anden er klar til slag mod kollegaens hoved. Hun sender et pædagog-jab direkte mod hans øjne og anvender den absolut hårdeste Kung fu variant. Hun rammer, og angriberen reagerer kraftigt på skaden. Han giver slip på kollegaen og tager sig til ansigtet. De to socialrådgivere frigør sig lynhurtigt og forlader lokalet, mens de alarmerer.

**Case 4**

I skolen skal to lærere undervise en klasse teenagere i idræt, de skal spille rundbold. Der er to lærere på opgaven, fordi der har været uro og slagsmål i klassen gennem længere tid. Nu er der er uro på det ene hold, én af de store drenge bliver mobbet, fordi han ikke kan ramme bolden. Lærerne forsøger at skabe ro og stoppe de hånlige kommentarer, men det lykkes ikke. I raseri svinger den mobbede dreng boldtræet mod én af mobberne, der med nød og næppe undviger slaget. Angriberen trækker boldtræet tilbage for at lave et nyt angreb, men bliver skubbet sidelæns og mister balancen. Læreren er blevet trænet godt, det ser man, fordi hun laver et godt skub, og fordi hun samtidig trækker sig væk, så hun er helt sikker på at have afstand. Angriberen finder hurtigt balancen, retter sin opmærksomhed mod læreren og trækker boldtræet tilbage i slagposition. Men da der er skabt afstand, er han nødt til at tage to skridt for at komme på slaghold.

I det samme ankommer lærer nummer to, hun har stået nogle meter derfra. De råber begge: *hold afstand*, mens de gensidigt sikrer hinanden. Den unge mand besinder sig, smider boldtræet og forsvinder.

Senere i skolen: Én af de unge teenagere bliver irettesat af læreren. Eleven eksploderer i et raserianfald, han træder helt tæt på læreren, mens han råber og skriger skældsord og trusler. Læreren træder et skridt baglæns og råber højt og tydeligt, *hold afstand*. Eleven træder endnu engang helt tæt på læreren og griber fat i dennes arm. Læreren sender uden tøven et pædagog-jab mod elevens hoved, ikke et slag, men et hårdt og vedvarende pres mod ansigtet, så hovedet bøjes bagover. Læreren udfører bevægelserne med kraft og overbevisning, og den unge mand mister grebet om læreren og tumler baglæns, mens læreren sidestepper. Læreren bevæger sig hurtigt mod døren, som hun åbner. Eleven er på vej, og læreren sidestepper i samme sekund, som eleven igen kommer på slaghold. Samtidig ankommer den første alarmerede kollega.

**Case 5**

I en lukket pædagogisk institution er to pædagoger i gang med at instruere tre unge mænd i, hvordan de skal rengøre deres værelser. Alle tre unge er farlige, derfor er de på en sikret, lukket afdeling. Pædagogerne er meget tydelige i deres kommunikation, og de er ikke bange for konflikter.

Da pædagogerne skal tjekke Oles værelse, ser de, at det ikke er rengjort. Ole smider en våd klud efter én af pædagogerne og råber: "Skrid dit fede nazisvin eller jeg hopper på dit grimme ansigt!"

De to pædagoger holder afstand, stiller sig ved siden af hinanden – og smiler. Pædagogen svarer med klar røst: "Hvor er det godt at se, du har lært at holde afstand, Ole, nu mangler du bare at lære at gøre dit værelse rent."

Ole råber nogle flere skældsord, men pædagogerne smiler stadig afslappet. Ole får den lidt kedelige besked, at han er nødt til at blive på værelset, indtil det er rent.

Pædagogerne forlader værelset.

Kort tid efter ser de to pædagoger til deres forundring, at én af de andre unge mænd begynder at sparke mod panserruden i døren, der leder ud af den sikrede afdeling. Pædagogerne bevæger sig hurtigt mod døren, mens de råber til den unge mand, at han skal stoppe. Den unge mand vender sig mod dem, og de stopper op to meter fra den unge mand, som råber, "jeg har fået nok af det her lortested, jeg vil ud nu. I skal fandeme lukke mig ud nu, dumme svin!" Pædagogerne smiler roligt, og den ene siger, "det er uhøfligt at true."

"Svin!" råber den unge mand og kaster sig ud i et direkte angreb mod pædagogen. Den unge mand når at tage et skridt, så får han pludselig en hånd i hovedet – pædagogen, som var under angreb, strakte sin Buddha-hilsen frem mod angriberens ansigt. Samtidig rammer makkeren med sit skub fra siden. Den unge mand vælter til siden og mister balancen. Den ene pædagog ser nu mulighed for at anvende pædagog-judo, og hun griber hurtigt den unge mands arm og laver en simpel håndledslås. Hun giver den unge mand besked på at blive liggende og forholde sig roligt. Samtidig begynder forstærkningen at ankomme, og kort efter er den unge mand låst inde på sit værelse.

**Case 6**

På samme lukkede institution nogle timer senere i fællesarealet:

En enlig pædagog runder hjørnet og ser, at én af de unge mænd er i færd med at kvæle en "medfange". Den unge mand har presset sit offer mod væggen, han klemmer hårdt mod offerets hals samtidig med, at han banker offerets hoved hårdt mod væggen igen og igen. Pædagogen råber af alt kraft, *hold* afstand, *gå ind på din celle. Hold afstand, gå ind på din celle.* Samtidig bevæger hun sig hurtigt tættere på. Den unge mand reagerer ikke, og pædagogen glider ind bag angriberen, tager hårdt fat i hans hoved bagfra og rykker hårdt og uden barmhjertighed. Hun trækker angriberen baglæns så hårdt, at han tumler bagud og falder til jorden. Hun sikrer sig afstand, mens hun igen råber *hold afstand, gå ind på din celle.* Det tager nogle sekunder, før angriberen har samlet sig, så går han direkte efter pædagogen, som bevarer roen, venter og behændigt sidestepper og tager et skridt. Hun forsvinder behændigt i den modsatte retning af angriberens bevægelse og vinder i løbet af et splitsekund flere meters afstand. Samtidig ankommer den første alarmerede pædagog, som lynhurtigt tager plads ved siden af sin kollega. Den unge mand angriber igen. Makkeren, der først lige er kommet på plads, får ikke skubbet angriberen væk, og han får fat i pædagogens arm. Han når ikke at udnytte det faktum, at han har fat i den ene pædagog, for i samme sekund får han en hånd i ansigtet, der presser hans hoved hårdt bagud. Det svækker hans balance og bremser angrebet. Samtidig bliver han skubbet hårdt af makkeren. Denne gang lykkes skubbet, og angriberen tumler sidelæns, mens flere alarmerede pædagoger ankommer.

## Case 7

Det er blevet aften i den lukkede institution. De indsatte har på skift køkkentjans og må efter aftensmaden hjælpe med at rengøre køkkenet. Ole har fået rengjort sit værelse, og nu er det blevet tid til køkkenrengøring. Han er ekstremt modvillig, hysterisk og grænseoverskridende provokerende. Pludselig griber han fat i ærmet på den ene pædagog og holder fast. Han står stille og stirrer på pædagogen, provokerende.

Pædagogen løftede sin Buddha-hilsen med det samme, men beslutter ikke at bruge den. Nu står hun helt stille og stirrer tilbage på Ole. Hendes Buddha-hilsen holder hun i halshøjde 30-40 cm fremme. Hånden hælder lidt, og det ser ud som om, pegefingeren peger i retning af Ole. Så hånden ligner ikke en statue, men en naturlig del af konflikten, der nu befinder sig meget tæt på Oles hoved. Pædagogen ved godt, at situationen er farlig, og at hun med god ret kunne sende sin Buddha-hilsen mod Ole, sidesteppe og trække sig, men hun er en hærdet pædagog og vil gerne have et fagligt udbytte. Så hun stirrer roligt tilbage og beder Ole slippe og holde afstand. Hun ved, at Ole nu kan nå hende med den ledige hånd, hun ved også, at han kan ramme med spark, skaller og så videre. Hun ved, at hendes Buddha-hilsen, pædagog-jabbet, kan neutralisere alle angrebene, og at hun ikke behøver vente og se, hvilket angreb han anvender, før hun reagerer. Ole kan ikke svinge et slag eller spark uden først at lave en bevægelse. Pædagogen er super opmærksom og klar til at sende sin Buddha-hilsen af sted.

Ole står helt stille og stirrer. Pædagogen gentager roligt, *giv slip og hold afstand.*

En anden pædagog dukker op, han genkender sin kollegas håndstilling og gennemskuer med det samme situationen. Han stiller sig skråt bag Ole og placerer en hånd på Oles skulder. Han ved også godt, at dette er meget farligt, men tænker ligesom sin kollega. Uanset hvilket angreb, Ole starter, vil alt kraften forsvinde sammen med hans balance. Nu hvor den ene pædagog er klar med et pædagog-jab mod Oles ansigt, og en anden er klar til at skubbe, bliver det meget svært for Ole at lave et effektivt angreb. Oles krop rykker sig pludselig, og begge pædagoger reagerer lynhurtigt. De ved dybest set ikke, hvad Oles hensigt er, om han vil slå eller bare spille smart. Men situationen taget i betragtning vælger de den eneste fornuftige løsning. De annullerer Oles bevægelse ved at skubbe ham ud af balance, og han mister grebet om pædagogen. Begge pædagoger træder hurtigt tilbage, ingen af dem vil i infight med Ole, så i stedet sikrer de hinanden. Få sekunder senere ankommer pædagog nummer tre og fire, og situationen afsluttes uden dramatik.

## Straffelovens paragraf 13

Selvforsvar er reguleret af Straffelovens paragraf 13. Pædagogen har ret til at forsvare sig mod direkte angreb og (pædagogen har ret) til at udøve selvforsvar, hvis pædagogen vurderer, at der er overhængende fare for at blive udsat for et farligt angreb. De midler, pædagogen bruger, skal stemme overens med angrebets farlighed, og den skade angrebet kan forvolde.

Den selvforsvarsstrategi, vi har etableret i denne tekst, er i overensstemmelse med Straffelovens Paragraf 13. Teknikkerne, vi har illustreret, kan alle udføres i varierende styrke, fra venskabeligt puf til knusende slag afhængig af, hvor farlig pædagogen vurderer den pågældende situation til at være.

Strategien om at holde afstand er defensiv og i overensstemmelse med paragraf 13 i den forstand, at pædagogen ikke fremprovokerer nogen voldelig situation. Strategien om ikke at tillade potentielt farlige mennesker at komme tæt på (når de er vrede) ved at give verbal besked, forsøge at undvige – hvis det er muligt - eller at aktivere alarm/selvforsvar er også i overensstemmelse med Straffelovens Paragraf 13.

Pædagogen kan ikke anvende selvforsvar over for rasende personer, der holder sig på afstand uden for rækkevidde, for der er pædagogen ikke i nogen umiddelbar fare, og det er lovligt at være gal.

**Straffelovens paragraf 13**

*Handlinger foretaget i nødværge er straffri, for så vidt de har været nødvendige for at modstå eller afværge et påbegyndt eller overhængende uretmæssigt angreb og ikke åbenbart går ud over, hvad der under hensyn til angrebets farlighed, angriberens person og det angrebne retsgodes betydning er forsvarligt. Straffelovens paragraf 13, stk. 2:*

*Overskrider nogen grænserne for lovligt nødværge, bliver personen dog straffri, hvis overskridelserne er rimeligt begrundet i den ved angrebet fremkaldte skræk eller ophidselse.*

Forfatteren har arbejdet i sikrede og lukkede pædagogiske og psykiatriske institutioner og har i den forbindelse været på flere pædagog-judo kurser. Forfatteren har arbejdet som fængselspædagog og har deltaget i dele af Kriminalforsorgens selvforsvarstræning. Forfatteren har modtaget Ving Tsun og Escrima undervisning hos The Danish Ving Tsun Federation.

www.dvtfederation.com

**Hvis du har spørgsmål til teksten, kritik, eller forslag til forbedringer, kan du sende en mail til**

makkersikring@mail.com

www.ingramcontent.com/pod-product-compliance
Ingram Content Group UK Ltd.
Pitfield, Milton Keynes, MK11 3LW, UK
UKHW020233250726
13967UKWH00001B/349

9 781105 837982